Mediopollito

Edición: Carmen Rivera Izcoa
Diseño: José A. Peláez
Diagramación: Yvette Torres Rivera

© 1996 Ediciones Huracán, Inc.
Avenida González 1002
Río Piedras, Puerto Rico 00925
Tel. y Fax: (787) 763-7407

Impreso en Santafé de Bogotá
por Lerner, Ltda., 1996.

MEDIOPOLLITO

CARMEN RIVERA IZCOA

NÍVEA ORTIZ MONTAÑEZ

A Mario Alberto Caldari Torres
y a todos los niños de Puerto Rico

*L*ejos, lejos y hace mucho tiempo la madrina de Pedrito trabajaba como lavandera en el palacio del rey. Un día el rey la mandó a buscar y le dijo:

—Doña Juana, vaya y dígale a su ahijado que lo necesito mañana para que me le eche abono a las rosas del jardín.

La lavandera terminó su trabajo del día y salió en seguida a llevarle el mensaje a Pedrito. De pronto detuvo el paso, porque le llamó la atención un huevo que relucía blanquito entre las hojas caídas a la orilla del camino. Al agacharse a cogerlo se le resbaló de la mano y se rompió. Trató de agarrarlo de nuevo, con la mala suerte de que sólo pudo recuperar la mitad. "No importa", se dijo, "me lo llevo así

y se lo regalo a Pedrito. Siguió caminando con su medio huevo en la mano hasta que llegó a la casa de su ahijado y le dio la razón que le mandaba el rey. Entonces le mostró el medio huevo y le dijo:

—Mi querido Pedrito, te traigo este medio huevo de regalo. Guárdalo bien y consérvalo para que te acompañe siempre.

*A*l otro día Pedrito se levantó de mañanita y se fue al palacio para hacerle el trabajo al rey. Regresó a su casa temprano por la tarde y se sentó a contemplar su medio huevo, pensando

y pensando qué podría hacer con él. De momento, se le ocurrió prepararle un nidito de hojas secas y ponerlo donde le diera el calor del *fogón* para ver si *empollaba*. Después lo iba a ver todos los días, esperando notar algún cambio.

*H*asta que justo a los veintiocho días nació un medio pollito, con sólo un ojo, un ala, una pata y medio pico. Pero como lo que no va en lágrimas va en suspiros, el recién nacido resultó ser un pollo muy *zalamero,* lleno de gracia y *picardía.*

Desde ese día Pedrito y Mediopollito fueron inseparables y se divertían mucho

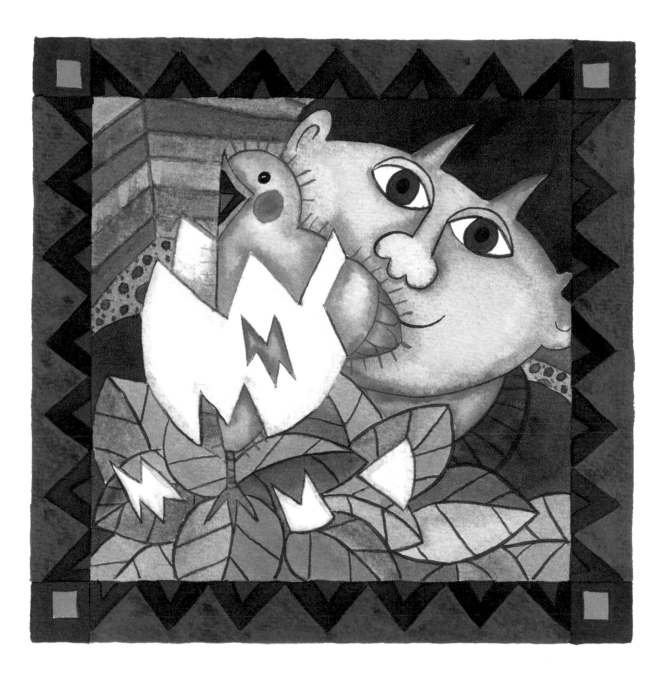

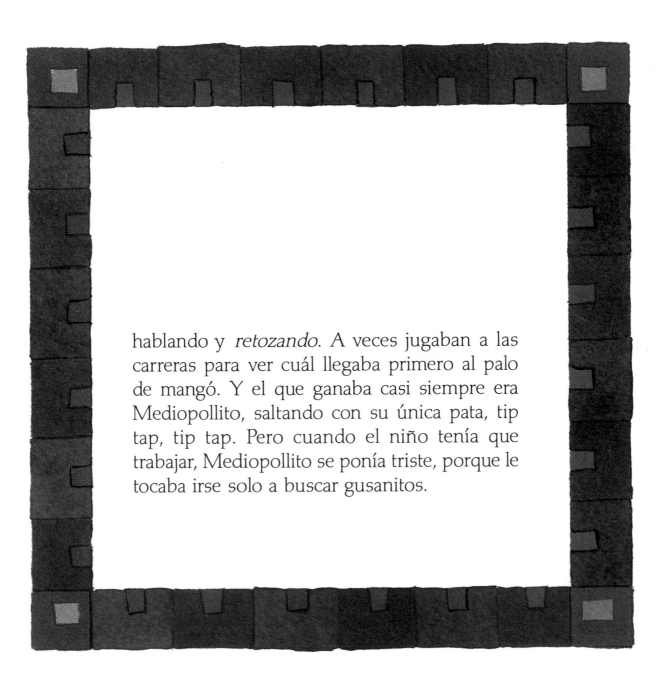

hablando y *retozando*. A veces jugaban a las carreras para ver cuál llegaba primero al palo de mangó. Y el que ganaba casi siempre era Mediopollito, saltando con su única pata, tip tap, tip tap. Pero cuando el niño tenía que trabajar, Mediopollito se ponía triste, porque le tocaba irse solo a buscar gusanitos.

Un día Pedrito decidió ir a ver al rey para que le pagara lo que le debía por abonarle el jardín. Invitó a Mediopollito y acto seguido se pusieron en marcha antes de que calentara el sol. Ya llegando al río, se detuvieron a descansar un rato. Cuando los vio allí parados, el río, que era muy curioso, se acercó para preguntarles a dónde iban.

—Voy con mi amigo Pedrito a cobrar un dinerito que el rey le debe —respondió Mediopollito.

—¿Me dejan ir con ustedes? —les pidió el río, que además era muy andariego.

—No, porque hay que caminar mucho y te vas a cansar —le contestó Mediopollito.

—¡Mira quien habla! Yo corriendo llego

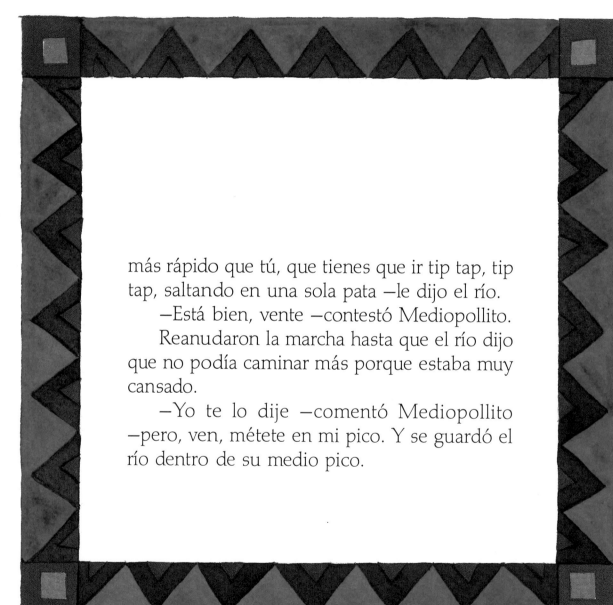

más rápido que tú, que tienes que ir tip tap, tip tap, saltando en una sola pata —le dijo el río.

—Está bien, vente —contestó Mediopollito.

Reanudaron la marcha hasta que el río dijo que no podía caminar más porque estaba muy cansado.

—Yo te lo dije —comentó Mediopollito —pero, ven, métete en mi pico. Y se guardó el río dentro de su medio pico.

Cuando llegaron al palacio, encontraron dos guardias apostados a la entrada del *despacho* del rey.

—¿A dónde van ustedes? —preguntó uno de los guardias con cara de pocos amigos.

—Voy con mi amigo Pedrito a cobrar un dinerito que el rey le debe —dijo Mediopollito.

Los guardias les prohibieron entrar y los amenazaron con usar sus armas si se atrevían dar un paso más. Entonces Mediopollito les disparó con su medio pico un chorro de río y la fuerza del agua tumbó a los dos hombres. Sin perder tiempo los amigos

empujaron la puerta del despacho. Cuando
entraron, vieron que el rey se había quedado
dormido en el trono. Se fueron acercando
sigilosamente hasta que el rey se despertó con
mucha morra, y les preguntó qué era lo que
querían.

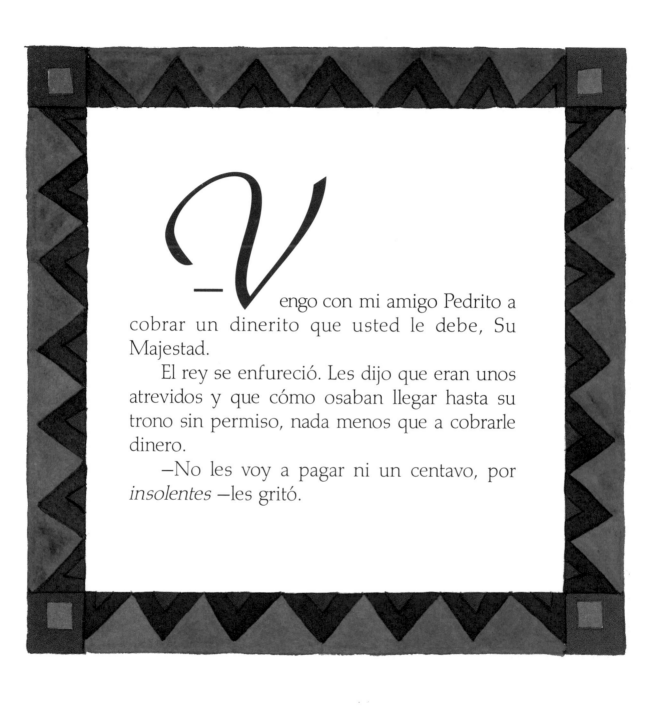

*V*engo con mi amigo Pedrito a cobrar un dinerito que usted le debe, Su Majestad.

El rey se enfureció. Les dijo que eran unos atrevidos y que cómo osaban llegar hasta su trono sin permiso, nada menos que a cobrarle dinero.

—No les voy a pagar ni un centavo, por *insolentes* —les gritó.

Entonces Mediopollito lanzó con su medio pico otro chorro de río en el despacho del rey. El agua empezó a subir y a subir hasta que le llegó a la cintura, pero el rey no se daba por vencido.

Y mientras Mediopollito seguía disparando el chorro de río con su medio pico, Pedrito aprovechó para abrir un cofre que el rey tenía sobre una mesa. Vio que estaba lleno de joyas y monedas de oro y decidió cogerlo para llevárselo en caso de que el rey no le pagara.

$\mathcal{E}$l agua casi le tapaba la cabeza y el rey aún insistía en que no iba a pagar, haciendo señales con los brazos. Ya que el agua lo había tapado por completo y sólo le quedaba

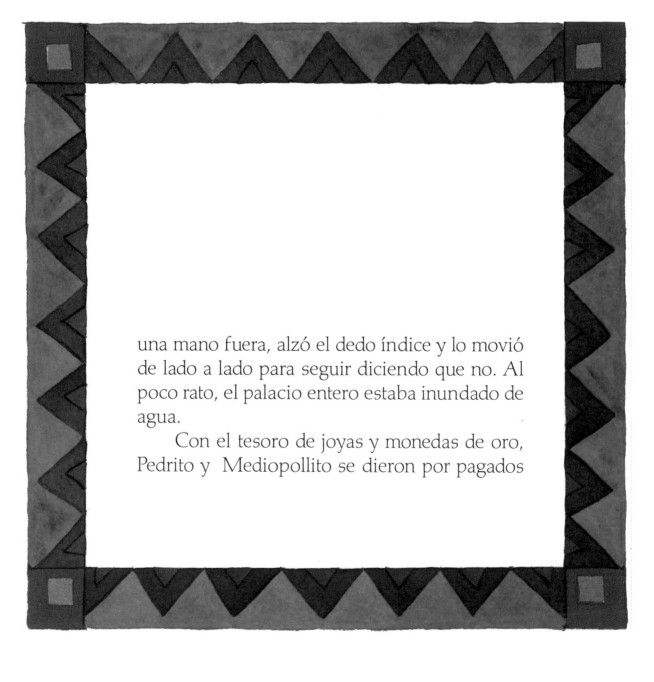

una mano fuera, alzó el dedo índice y lo movió
de lado a lado para seguir diciendo que no. Al
poco rato, el palacio entero estaba inundado de
agua.

   Con el tesoro de joyas y monedas de oro,
Pedrito y Mediopollito se dieron por pagados

y regresaron satisfechos a su casa. Al llegar se comieron unas *batatas* asadas que encontraron en la cocina y se fueron en seguida a buscar a todos los amigos del barrio para contarles su aventura en el palacio del rey y compartir con ellos el tesoro.

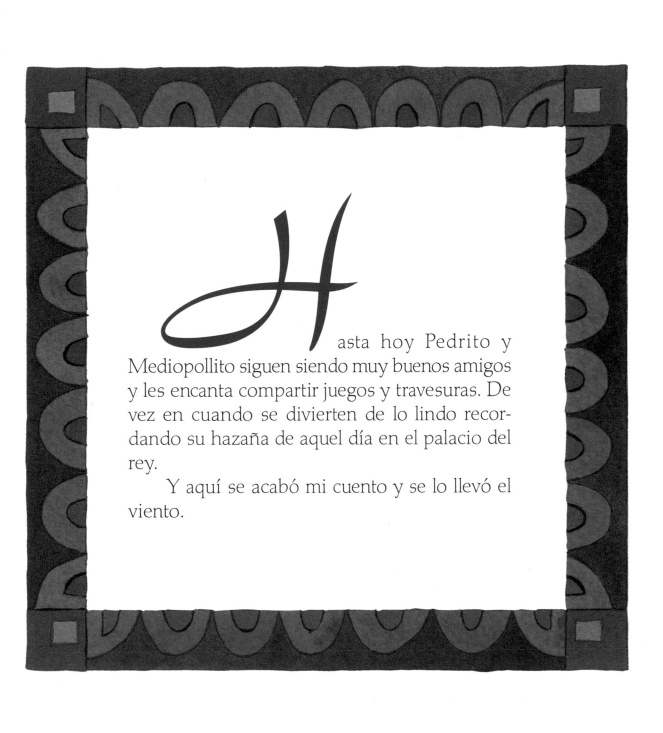

Hasta hoy Pedrito y Mediopollito siguen siendo muy buenos amigos y les encanta compartir juegos y travesuras. De vez en cuando se divierten de lo lindo recordando su hazaña de aquel día en el palacio del rey.

Y aquí se acabó mi cuento y se lo llevó el viento.

Glosario

batata: tubérculo azucarado comestible; boniato
despacho: oficina
empollar: calentar el huevo hasta que nace el pollo
fogón: lugar donde se hace fuego con leña para cocinar
insolente: atrevido
picardía: astucia, maña
retozar: jugar; saltar; hacer travesuras
sigilosamente: calladamente
zalamero: que demuestra el cariño; sato

Sobre el cuento

La historia del "Medio Pollito" se originó en España, de donde pasó a distintos países de Latinoamérica. Como suele suceder con los relatos de la tradición oral, cada cuentero narra la historia a su manera y le imprime su propio sabor. Así surgen constantemente nuevas versiones de los cuentos. Del "Medio Pollito" hemos localizado las siguientes:

Ada, Alma Flor y Rosalma Zubizarreta, *Mediopollito/Half Chicken,* New York, Delacorte Press, 1995.

Almodóvar, A.R., "El medio pollito". *Cuentos al amor de la lumbre* (Vol. II), Madrid, Editorial Anaya, 1984.

Benedict, Ruth (Editora), *El medio pollito,* (versiones 36, 37 y 38). *The Journal of American Folklore,* Vol. 40, Octubre-Diciembre 1927, New York, John Alden Mason, 1927.

Ferré, Rosario, *El medio pollito,* Río Piedras, Ediciones Huracán, 1978.

Palma, Marigloria, "El medio pollito", *Muestras del folklore puertorriqueño,* Río Piedras, Editorial Edil, 1982.

Sobre la autora

Carmen Rivera Izcoa es editora y abuela. Publicó, en colaboración con el historiador Fernando Picó, el libro titulado *Puerto Rico, tierra adentro y mar afuera.* También ha escrito varios cuentos infantiles y es editora de *Cuentos de mar y tierra,* un volumen de cuentos históricos para niños.

Sobre la ilustradora

Nívea Ortiz Montañez es una talentosa joven puertorriqueña, graduada como ilustradora de Pratt Institute, de Nueva York. A pesar de su corta experiencia, Nívea ha recibido varios premios y menciones honoríficas por su obra gráfica. Este es el tercer libro infantil que ilustra parcial o totalmente.

Impreso y encuadernado
en los Talleres Gráficos de Lerner Ltda.
Santafé de Bogotá, D.C. - 1996
Impreso en Colombia - Printed in Colombia